BON SUAIRE, M'SIEURS-DAMES

MARIE LAROCHE-FERMIS

Éditions ART ET COMÉDIE
2, rue des Tanneries
75013 PARIS

NOTE SUR L'AUTEUR

Depuis quelques années, Marie Laroche-Fermis s'est orientée vers la comédie de boulevard. C'est avec bonheur qu'elle jongle avec les mots, les situations cocasses et les personnages pittoresques. Cette pièce ne faillit pas à la tradition. On ne peut qu'en redemander !

PERSONNAGES

Armand : Le baron.

Emma : La baronne. Complètement sourde, elle comprend tout de travers.

Mme Pasquet : L'infirmière. Une maîtresse femme qui ne s'en laisse pas conter.

Louise : La bonne.

Clotilde : La nièce. Calculatrice et intéressée.

Christophe : Un ami.

Isabelle : Une amie.

Sophie : Une amie.

Le fou : Un personnage délirant, réellement fou au sens pathologique et qui se lance constamment dans de grands discours incompréhensibles.

Bébert : Un cambrioleur.

Paulo : Le deuxième cambrioleur.

Gaston : Le « vrai » fantôme.

DÉCOR

Intérieur d'un manoir. Vieilles pierres, cheminée, mobilier ancien.

ACTE I

Hors scène, des cris de douleur retentissent.

ARMAND *(off)* - Aïe! Aïe!… Ouille! (Il surgit en pyjama. Il court dans tous les sens, tourne sur lui-même en criant. Il a une seringue énorme plantée dans une fesse qui dépasse de son pyjama.) Aïe! Ah!!!

Une infirmière le poursuit.

MLLE PASQUET - Venez ici, espèce de douillet!

ARMAND - Douillet?!… Monstre! Assassine! Prendre mon derrière pour une cible!

MLLE PASQUET - Vous n'avez qu'à vous laisser faire votre piqûre!

ARMAND - Je ne veux plus! Vous entendez? Je ne veux plus!… Tous les matins vous me torturez!

MLLE PASQUET - Je vous signale qu'il s'agit de votre traitement et que c'est indispensable!

ARMAND - J'ai horreur des piqûres!

MLLE PASQUET - Désolée mais c'est comme ça. Dans la vie, parfois, on n'a pas le choix… Et si vous étiez un patient normal, vous verriez que je fais ça avec doigté!

ARMAND - Avec doigté?!

MLLE PASQUET - Puisque vous vous enfuyez, il faut bien que je me débrouille !

ARMAND *(croisant les index dans sa direction)* - « Vade retro » !

MLLE PASQUET - Ouh là là ! Qu'est-ce que j'ai peur !… Ce n'est pas la peine de vous sauver dans les couloirs… Vous avez vu comme je vise bien ?

ARMAND - Vous confondez piqûres et concours de fléchettes !

MLLE PASQUET - J'en ai assez de courir après vous autour du lit ! Il faut bien que je trouve un moyen… Tant pis pour vous… Venez donc là que je l'enlève ! *(Elle s'avance vers lui d'un pas d'adjudant-chef. Le ton est impératif.)* Allez ! Tournez-vous !

ARMAND *(la suppliant)* - Vous ferez ça avec douceur ? Hein ? C'est promis ?

MLLE PASQUET *(d'un ton tout sauf rassurant)* - Mais oui… Mais oui…

ARMAND - C'est que je suis sensible de ce côté-là…

MLLE PASQUET - Ne vous inquiétez pas, c'est une piqûre sous-cutanée.

ARMAND *(dos au mur)* - Pas si tanné que ça ! Oh non ! Pas si tanné !

MLLE PASQUET - Alors ? Vous vous tournez, oui ? Je n'ai pas que ça à faire, moi ! Après, il faut que j'aille aider votre femme pour sa toilette !

Armand tremble mais se retourne quand même, face au mur, s'y appuie et ferme les yeux.

ARMAND - Bon, allez-y… Mais doucement, hein ? Doucement !… *(D'un geste musclé, L'infirmière appuie sur le piston de la seringue puis arrache l'aiguille.)* Ah !!! Au secours ! On me tue !… Emma ! Emma !

MLLE PASQUET - Pas la peine de hurler ! Votre femme est sourde, vous le savez bien…

ARMAND - Ah ! que ça brûle !

MLLE PASQUET - Il fallait bien injecter le produit ! Allez, arrêtez votre cinéma ! C'est fait… jusqu'à demain matin !

ARMAND - Demain matin, vous ne me trouverez pas : je me cacherai !

MLLE PASQUET - Mais si, je vous trouverai ! On parie ?

ARMAND - Tortionnaire !

MLLE PASQUET - Mais oui… Mais oui… *(Elle sort.)*

Armand se frotte la fesse, tombe dans un fauteuil et se cale avec un coussin.

ARMAND - Ah ! quelle misère de se retrouver à la merci d'un dragon pareil !

Louise, la bonne, entre.

LOUISE - Ah ! j'ai entendu que vous étiez levé ! Je vais vous préparer votre petit déjeuner.

ARMAND - Depuis le temps que vous êtes à notre service, vous auriez pu venir à mon secours !

LOUISE - Voyons, monsieur le baron, il faut être raisonnable ! Vous devez laisser Mlle Pasquet faire votre piqûre. C'est pour votre bien, vous le savez…

ARMAND - Tout ce que je sais, c'est que bientôt je ne pourrai plus m'asseoir du tout !… C'est un bourreau !

LOUISE - Je crois plutôt que vous devenez délicat…

ARMAND - Délicat ! Moi, je deviens délicat ? Vous prenez le parti de cette furie ?

LOUISE - Bien sûr que non, mais les trois autres infirmières n'ont pas tenu une semaine. C'est la seule qui ait bien voulu rester pour vous soigner !

ARMAND - Évidemment ! C'est une sadique ! *(Haussement d'épaules de Louise.)* Si, si ! Elle a ses petits yeux sournois qui rigolent quand elle me pique !

LOUISE - Si vous lui menez la vie dure, elle va partir aussi, vous savez…

ARMAND - Tant mieux !

LOUISE - Ne dites pas ça ! Vous préféreriez être à l'hôpital ? Ou en maison de retraite ?

ARMAND - Ah non ! Pas question ! Je veux rester ici, chez moi ! Autant mourir tout de suite… J'aime trop cet endroit !

LOUISE - Moi aussi j'aime ce manoir et depuis le temps que je travaille ici, qu'est-ce que je deviendrais si vous partiez ? Alors, vous voyez bien : il faut vous laisser soigner !

ARMAND - Eh oui ! Je sais bien… Vous avez raison, ma bonne Louise…

LOUISE - C'est sûr !… Bon, eh bien, je vais chercher le petit déjeuner… *(Elle sort.)*

Emma, la mémé, arrive. Elle est complètement sourde. Armand parle donc très fort.

ARMAND - Bonjour Emma ! Alors, ta nuit a été bonne ?

EMMA - Non, pas de pomme. Je préfère du jus d'orange. Tu as bien dormi ?

ARMAND - Pas trop, non… *(Il montre son épaule et parle fort.)* Mon épaule m'a fait souffrir.

EMMA - Tant mieux ! Quand tu as mal, c'est qu'il va pleuvoir !

La bonne apporte le petit déjeuner.

LOUISE - Bonjour Madame. Je vous sers votre chocolat. Attention, il est chaud !

EMMA - C'est bien ! J'avais peur qu'il soit trop chaud.

La bonne sort.

ARMAND - Mais c'est ce qu'elle te dit ! Souffle dessus ! *(Il lui montre.)* Comme ça : pff… pff…

EMMA - Je te signale que tu souffles à côté de ton bol… Ah ! mon pauvre Armand, il ne fait pas bon vieillir !

Armand est découragé.
L'infirmière arrive avec des médicaments.

MLLE PASQUET - C'est l'heure de prendre vos cachets ! *(Emma les met dans sa bouche. L'infirmière prend un air suspicieux.)* Ouvrez la bouche ! *(Emma entrouvre à peine les lèvres.)* Plus grand ! Soulevez la langue ! *(Elle attrape une cuillère et inspecte le dessous de la langue.)* J'en étais sûre ! Tous les jours, c'est la même comédie ! Je vous avertis : ou vous m'obéissez ou je m'en vais !

EMMA - Bien sûr qu'ils sont mauvais ! Je le sais bien ! C'est pas la peine de me le dire !

MLLE PASQUET - Je vous l'ai répété au moins cent fois : il faut les avaler, pas les croquer !

EMMA - J'aimerais vous y voir, moi ! Goûtez, vous verrez bien…

MLLE PASQUET - Avalez !

Emma croque avec un air misérable en faisant la grimace.

EMMA - Je suis sûre que si je les avalais sans les croquer, ils feraient autant d'effet… *(Elle se tourne vers Armand.)* Elle fait ça pour me torturer !

ARMAND *(à l'infirmière)* - En tout cas, comme ça, on est sûr qu'elle les avale !

MLLE PASQUET - Même pas ! L'autre jour, Louise en a trouvé un tout mâchouillé sous son matelas… J'en ai assez de faire le gendarme. *(À Emma.)* Je vais me renseigner pour savoir si ce traitement existe en suppositoires… Comme ça, je suis sûre que vous les prendrez ! *(Elle sort.)*

ARMAND - Si elle administre les suppositoires comme elle fait les piqûres, il va y avoir du sport !

EMMA - Évidemment qu'elle a tort ! Je suis sûre qu'il ne faut pas les croquer !

Clotilde, la nièce, arrive à cet instant.

CLOTILDE - Bonjour ma tante. Bonjour mon oncle. Alors, comment allez-vous ce matin ?

ARMAND - Mal…

CLOTILDE - Le contraire m'aurait étonnée… Que vous êtes bougon ! Et vous, ma tante, avez-vous bien dormi ?

EMMA - Trop de bruit ? Ah non ! Je n'ai rien entendu…

ARMAND - En parlant de bruit, ils arrivent quand, tes amis ?

CLOTILDE - En fin de matinée. Vous verrez, mon oncle, comme ils sont agréables !

ARMAND - Et remuants…

CLOTILDE - Il faut faire revivre ces vieux murs !

ARMAND - Ces vieux murs, comme tu dis, sont comme nous : il leur faut du calme…

CLOTILDE - Tante Emma m'a donné son accord…

ARMAND - Évidemment ! Elle n'a rien compris à ce que tu lui demandais !

CLOTILDE - Mais si… N'est-ce pas, ma tante, que vous êtes contente de recevoir mes amis ?

EMMA - De la pluie ? Oh ! ça m'étonnerait ! Ton oncle n'a pas eu mal à son épaule…

ARMAND - Tu vois !

CLOTILDE - Enfin, bref… Ils vont arriver. Que voulez-vous ? Vous vous obstinez à vouloir demeurer ici, loin de tout… Ce manoir est agréable, mais que de soucis ! Si vous acceptiez d'aller aux « Cèdres Bleus », vous seriez entourés d'un personnel compétent, aux petits soins…

ARMAND - Depuis que tu es arrivée, tu n'as que ces mots à la bouche !

CLOTILDE - Parce que je suis sûre qu'aux « Cèdres Bleus »…

ARMAND - Cette maison de vieux ?

CLOTILDE - Cette maison de vieux, comme vous dites, c'est un paradis ! L'endroit rêvé pour que vous puissiez tous les deux couler des jours paisibles. Et puis, vous serez avec d'autres résidents qui…

ARMAND - Des vieux !… Tu veux nous mettre avec des vieux ? Non mais ! Est-ce que j'ai une tête à vivre avec des vieux ?

EMMA - Oh ! ça va ! On le saura que tu vas mieux ! Ce n'est pas la peine de gesticuler comme ça !

ARMAND - C'est Clotilde : elle voudrait qu'on aille dans une maison de retraite…

CLOTILDE - Une résidence ! Luxueuse ! Avec des médecins et des infirmières !

EMMA - Ça c'est une bonne idée ! On met l'infirmière à la retraite et on en choisit une autre…

ARMAND *(découragé)* - Oh là là !

CLOTILDE - Mais enfin, mon oncle, les pensionnaires des « Cèdres Bleus » ont votre âge, ni plus ni moins. Et puis vous pourriez revenir de temps en temps au manoir. Je m'en occuperai bien, soyez-en sûr…

ARMAND - Tu seras propriétaire de cette demeure, un jour, forcément… Ta tante n'a pas eu d'enfants et tu es sa seule nièce, mais elle sera à toi en temps voulu !… Je comprends ton impatience mais ce n'est pas une raison pour vouloir te débarrasser de nous. Avant l'heure, c'est pas l'heure !

CLOTILDE *(fausse)* - Oh ! mon oncle ! Comment pouvez-vous penser une chose pareille ? Je ne songe qu'à votre confort et à votre tranquillité, voyons !

ARMAND - Oui, eh bien, ne te fais aucun souci… C'est ici qu'on veut vivre. Hein, Emma, c'est chez nous qu'on veut rester ?

EMMA - Ils ne font que passer ? Je croyais que tes amis restaient quelques jours.

CLOTILDE - Mais oui, ma tante : une petite semaine…

EMMA - Tu as la migraine ? Demande une aspirine à Mlle Pasquet, voyons !

CLOTILDE - Bon, eh bien, à plus tard… Mais pensez à ce que je vous ai dit, mon oncle…

ARMAND - Je n'ai pas l'intention de changer d'avis !

Clotilde soupire et sort. La bonne revient débarrasser.

LOUISE - Oh ! Monsieur ! J'ai entendu ce qu'a dit votre nièce… Vous n'allez pas l'écouter, n'est-ce pas ?

ARMAND - J'ai fait la guerre, moi ! J'ai épousé ma femme ! Alors, vous voyez, les épreuves, ça me connaît ! Tout plutôt que partir !

LOUISE - Ah bon ! Vous me rassurez…

ARMAND - Bon, je vais m'habiller… Huit jours avec des énergumènes !… Mais bon… Emma, qui n'a rien compris, a accepté… Alors… Allez, viens, Emma ! Je te raccompagne jusqu'à ta chambre ! On va bientôt avoir de la visite !

EMMA - Faire vite ? Tu en as de bonnes ! Avec mon arthrose…

Ils sortent. La bonne débarrasse la table. La nièce revient.

CLOTILDE - Vous apportez mon petit déjeuner sur la terrasse, comme d'habitude : du thé, du lait et de la brioche…

LOUISE - Oui, je sais… Du thé bien chaud et du lait bien froid. Par contre, il n'y a que des croissants.

CLOTILDE - Ah non ! C'est trop fort ! Vous savez bien que je ne veux que de la brioche !

LOUISE - Il n'y en avait plus lorsque j'y suis allée…

CLOTILDE - Évidemment ! Vous n'avez qu'à vous lever plus tôt !

LOUISE - Il y a des choses plus graves dans la vie…

CLOTILDE *(insidieusement)* - Oui, c'est vrai… Par exemple, perdre son emploi… C'est plus grave, non ?

LOUISE - Pourquoi vous me dites ça ?

CLOTILDE - Essayez de réfléchir, je suis sûre que vous allez trouver…

LOUISE - Monsieur et Madame ne se débarrasseront jamais de moi !

CLOTILDE - Eux, non, c'est sûr ! Mais ils ne seront pas toujours là…

LOUISE - Oh ! c'est une honte !

CLOTILDE *(hypocrite)* - Qu'allez-vous penser ? Je veux dire qu'il est très possible qu'ils acceptent bientôt de vivre aux « Cèdres Bleus »…

LOUISE - C'est une idée fixe !

CLOTILDE - Une excellente idée ! Et, dans cette optique, vous feriez bien de commencer à réfléchir à l'endroit où vous irez finir vos jours !

Clotilde s'en va. L'infirmière entre.

MLLE PASQUET - Louise ! Je vais à la pharmacie. Le docteur Chabron est en vacances mais son remplaçant doit passer. Si toutefois je n'étais pas revenue, dites-lui qu'il s'occupe surtout de l'audition de madame la baronne, ça devient infernal !

LOUISE - Vous savez, parfois il vaut mieux être sourd que d'entendre ce qu'on entend…

MLLE PASQUET - Pourquoi dites-vous ça ?

LOUISE - Oh ! pour rien ! Pour rien…

Mlle Pasquet sort et revient presque aussitôt.

MLLE PASQUET - Louise, il y a là deux messieurs… Si vous voulez bien vous en occuper… *(Aux visiteurs.)* Je vous en prie, messieurs, entrez… Bon, je me sauve…

Elle fait entrer les deux personnes et s'en va. Les deux hommes sont en bleu de travail, un appareil à la main, genre compteur Geiger.

LOUISE - Messieurs…

BÉBERT - 'Jour ma p'tite dame. On vient rapport au contrôle du salpêtre…

LOUISE - Le contrôle… du salpêtre ?

PAULO - Ça doit en être bourré, ici ! J'ai le nez fin…

LOUISE - Vous avez bien dit le contrôle du salpêtre ?

BÉBERT - Me dites pas que ça a jamais été fait !

LOUISE - Eh bien, non, jamais… Enfin, je ne crois pas…

BÉBERT - Tu te rends compte, Paulo ? Ça a jamais été fait !

PAULO - C'est dingue la négligence des gens ! Et après ils s'étonnent de voir les murs tomber comme du sucre en poudre !

Louise - Les murs !... Du sucre en poudre !...

Bébert - Les pleins doigts qu'on en a dans certaines baraques !
Pas vrai, Paulo ?

Paulo - Ouais... Quand on repart, on est comme des charbonniers ! Mais en négatif !

Louise - Et c'est dangereux ?

Bébert - Si c'est dangereux ! T'entends ça, Paulo ? La p'tite
dame demande si c'est dangereux !

Paulo - Ah ! l'ignorance des gens, j'te jure !

Bébert - Mais si c'était pas dangereux, on s'rait pas ici, hein,
Paulo ?

Paulo - Sûr, Bébert ! Le métier existerait même pas...

Louise - Justement... Moi, je ne savais pas qu'il existait...

Bébert - Ah ! mais c'est qu'on n'est pas beaucoup à le pratiquer !
Les études, vous savez ce que c'est... Faut la cervelle !

Paulo - Et du temps ! C'est qu'elles sont longues les études
pour devenir inspecteur du salpêtre !

Louise - Eh ben, si je me doutais...

Bébert - Bon, c'est pas le tout, on va y aller, maintenant... On
commence par cette pièce. Vas-y, Paulo, mets le compteur en marche.

L'appareil fait entendre une sonnerie.

Paulo - Eh ben ! Y en a drôlement dans le secteur ! On a bien fait
de venir ! *(En disant cela, ils tournent dans la pièce et regardent
avec attention les tableaux, les objets, etc.)* Ouais, ouais... Y a de
quoi faire. Rien qu'ici, on remplit un sac !

Bébert - J'étais sûr que ça valait le coup ! Je te l'avais dit ! *(Plus
fort, à Louise.)* Et y a en d'autres des pièces comme celle-là ?

Louise - Il y a trois autres salons, huit chambres...

Bébert - Les salons, ça suffira ! On peut jeter un coup d'œil ?

Louise - Je pense, oui… Mais il faudrait que j'en réfère à M. le baron…

Paulo - Qu'est-ce qu'elle dit ?

Bébert - La sauterelle veut rancarder l'ancêtre rapport à notre inspection.

Paulo - Ça va pas, non ?!

Bébert - T'inquiète ! *(Plus fort.)* Pas la peine ! On va d'abord faire le tour du propriétaire. Inutile d'affoler le monde pour rien…

Louise - Vous avez peut-être raison… Suivez-moi…

Bébert - Amène-toi, Paulo, faut rien laisser au hasard…

Paulo - Je te suis, Bébert, je te suis… *(Il fait une dernière fois l'inventaire des objets en les regardant.)*

Louise, Bébert et Paulo sortent. La cloche d'entrée retentit. Louise revient pour ouvrir. Elle leur parle de loin.

Louise - Attention ! Ne touchez à rien ! Il y a des bibelots fragiles et de grande valeur…

Elle s'apprête à ouvrir lorsque trois jeunes (Christophe, Isabelle et Sophie) entrent en trombe.

Louise - Mais qu'est-ce que…

Christophe - On est invités par Clotilde !

Isabelle - Pile poil pour le petit déj' !

Sophie - C'est d'enfer, ici !

Clotilde entre.

Clotilde - Ah ! ça y est, vous êtes là ! *(À la bonne.)* Vous ajouterez trois bols et six de vos satanés croissants et puis vous porterez les bagages dans trois des chambres d'amis.

LOUISE - C'est que ces valises sont certainement très lourdes et…

CLOTILDE - Si vous n'êtes pas capable d'assurer votre service, vous n'avez qu'à prendre votre retraite ! Allez ! *(La bonne s'en va.)* Alors, vous avez fait bonne route ?

CHRISTOPHE - Ouais, ouais… Mais dis donc, c'est paumé ici !

CLOTILDE - Justement ! La liberté totale ! Tu imagines les soirées ?

ISABELLE - Ah ouais ! Et puis, c'est immense ! Y a combien de chambres ?

CLOTILDE - Huit ! Et chacune avec sa salle de bains ! Et je ne te parle pas des quatre salons, de la salle à manger, de la bibliothèque et des dépendances ! Tout ça dans un parc de deux hectares !

SOPHIE - Ça vaut une fortune ! Et à moins de deux heures de Paris !

CLOTILDE - Je ne te le fais pas dire ! C'est pour ça que je vous ai fait venir…

CHRISTOPHE - Dis donc, tu ne vas pas nous demander de faire disparaître les vieux !

CLOTILDE - Attends, c'est le manoir que je veux, pas me retrouver derrière les barreaux ! J'attends simplement de vous que vous m'aidiez à obtenir une signature de ma tante…

ISABELLE - Ça ne serait pas plus simple d'attendre que tu hérites ?

CLOTILDE - Ça peut prendre encore des années ! C'est maintenant que ça m'intéresse. La seule solution c'est que ma tante signe un papier disant qu'elle me lègue sa propriété de son vivant…

CHRISTOPHE - Tu veux vivre ici avec eux ?

CLOTILDE - Tu rigoles ?! Les maisons de retraite, ce n'est pas fait pour les chiens !

SOPHIE - Super, l'idée ! Et c'est ta tante la propriétaire ?

CLOTILDE - Oui.

ISABELLE - Je ne savais pas que t'avais des nobles dans ta famille !

CLOTILDE - Mais non ! Pas des nobles ! En fait, c'est ma grand-tante : Emma Touron. Elle dansait le french cancan au « Moulin Rouge ».

ISABELLE - Je ne croyais pas qu'on pouvait se faire autant de fric en levant les guibolles !

CLOTILDE - Oh ! elle devait bien gagner sa vie… mais pas au point de se payer une telle propriété ! Un jour, un certain Gaston de Fontange, un baron, est tombé raide dingue d'amour en la voyant ! Elle a accepté de l'épouser et, du coup, elle est devenue baronne !

SOPHIE - Comme Nadine de Rothschild ! Waouh !…

CHRISTOPHE - Et le Gaston, c'est ton oncle…

CLOTILDE - Non. Son Gaston est mort dix ans plus tard. Il faut dire qu'il avait largement le double de son âge… Un beau jour, elle est tombée amoureuse d'Armand, mon deuxième tonton !

CHRISTOPHE - Un autre baron ?

CLOTILDE - Pas du tout ! Elle l'avait engagé comme chauffeur ! Mais, depuis qu'elle l'a épousé, on dit « monsieur le baron », c'est plus classe !

ISABELLE - C'est comme dans les films…

SOPHIE - Lady Chatterley, c'était son garde-chasse…

CHRISTOPHE - Bon, bref, qu'est-ce qu'on peut faire pour toi ?

CLOTILDE - Justement, je vous ai fait venir pour qu'on y réfléchisse ensemble. Venez, on va prendre le petit déjeuner sur la terrasse. J'ai une idée ou deux, vous me direz ce que vous en pensez…

La bonne revient. Elle essaie de soulever une valise lorsque reviennent Bébert et Paulo.

Louise *(à elle-même, en prenant la valise)* - Pauvres de nous…

Bébert - Bon, ben, voilà… On a fini…

Louise - Et alors ? Vos conclusions ?

Paulo - Tout est O.K. !

Louise - Mais pourtant… votre appareil qui sonnait…

Bébert - Justement ! C'est tout bon ! C'est comme qui dirait un compteur Geiger sauf que c'est le contraire !

Paulo - Ouais… C'est quand y sonne que tout va bien !

Louise - Mais vous avez dit qu'il était temps, qu'il y en avait beaucoup et…

Bébert - Oh ! la p'tite dame ! On a les cages à miel encrassées ? Tout va bien, j'vous dis ! Pas vrai, Paulo ?

Paulo - Sûr, Bébert : tout baigne !

Louise - Ben, pourtant, il m'avait semblé…

Paulo - Oh là là ! La p'tite mère, faut pas laisser bouillir votre ciboulot comme ça ! Ça va péter ! Vous allez nous faire de la vapeur partout !

Bébert - Et pas la peine d'affoler tout le monde ! Alors motus rapport à notre visite. Faut être raisonnable, poupette ! Bon, on a d'autres contrôles à faire… Allez, salut la p'tite dame !

Paulo - Salut beauté !

Ils sortent.

Louise - Bon, puisque tout va bien, inutile d'inquiéter Madame et Monsieur avec cette histoire. Il n'y a pas de salpêtre, il n'y a pas de salpêtre ! Donc tout va bien !

La cloche d'entrée retentit. Louise va ouvrir. Le fou entre.

Le fou - Mes hommages, chère madame ! Je jette à vos pieds mignons des milliers de roses odorantes !

LOUISE - Oh! vous devez être le remplaçant du docteur!

LE FOU - Ah! ah! Madame, personne ne remplace personne… Chacun est lui-même et vice versa!

LOUISE - Oui, oui… Bien sûr…

LE FOU - L'homme est individuel : son image est une et indivisible!

Armand arrive.

ARMAND - Bonjour… Ah!… C'est vous qui remplacez le docteur Chabron?

LE FOU - La pauvre âme égarée! *(Il le regarde bizarrement.)* Je vois… Je vois… La confusion règne dans votre esprit… Vous aussi, vous y croyez?

ARMAND - À quoi?

LE FOU - Mais à la multiplicité! Ce qui n'est pas éloigné de la duplicité… Mais je pourfendrais les insinuations! Et si mon double apparaissait, je n'en ferais qu'une bouchée!

ARMAND *(en aparté à Louise)* - Vous êtes sûre qu'il va bien?

LOUISE - Ce doit être un grand professeur de médecine… On ne comprend pas ce qu'il dit…

ARMAND - C'est possible… *(Au fou.)* Vous êtes venu pour ma femme, je crois?

LE FOU - Mes pas me portent là où vont mes pieds… Je sais, c'est plutôt rare, mais j'ai toujours été comme ça!

Armand et la bonne se regardent, interloqués et légèrement apeurés.

ARMAND - Il faudrait surtout s'occuper de ses oreilles…

LE FOU *(avec des yeux scrutateurs)* - L'oreille est le meilleur moyen pour entendre. Vous êtes d'accord?

ARMAND - Certes…

LE FOU - Et on dit « faire l'âne pour avoir du son », n'est-ce pas ? Or, l'âne a de grandes oreilles ! Tout est là !

LOUISE - Bon, ben, moi, je vais commencer à porter les valises des invités…

Emma entre.

ARMAND - Emma ! Le docteur est là pour ta visite. Je vais aider Louise pour les bagages.

EMMA - Évidemment qu'on sera sages ! Voyons, Armand, tu ne vas pas être jaloux à ton âge, quand même ! *(Armand et Louise sortent.)* Excusez mon époux ! Il n'a plus toute sa tête, ou alors il a voulu me flatter ! Vous êtes le premier arrivé ?

LE FOU - Quand j'arrive, j'arrive seul ! À moins que je ne sois accompagné !… Serais-je deux ? Non, apparemment, je suis venu seul, sans cérémonie !

EMMA - Vos amis ? Non, je ne les ai pas vus… Oh ! je pense qu'ils ne vont pas tarder ! En tout cas, soyez le bienvenu. Voulez-vous que je vous accompagne jusqu'à votre chambre ?

LE FOU - Après tout, pourquoi pas ! Cet endroit respire le calme. Je sens des ondes positives. Je veux bien rester quelques jours !

EMMA - Dans la tour ? Oh non ! Elle est désaffectée depuis longtemps ! Mais nous avons de jolies chambres qui donnent sur le parc.

LE FOU - Quel accueil ! J'aime l'imprévu !

EMMA - Ah oui ! Ça, une belle vue… Vous vous y plairez ! Si vous voulez bien me suivre…

LE FOU - On ne peut que suivre celui qui vous précède mais, si on fait demi-tour, celui qui précédait suit !

EMMA - Vous presser des fruits ? Vous savez, on trouve maintenant des sodas tout à fait consommables…

Ils sortent. Clotilde et ses trois amis arrivent.

CLOTILDE - Pas mal ton idée de trouver une facture à signer. Celle du teinturier fera l'affaire.

CHRISTOPHE - Il suffisait d'y penser !

SOPHIE - Il faut faire ça méthodiquement.

ISABELLE - Et si tout simplement tu disais à ta tante que tu n'as plus de chèques et qu'elle t'en signe un pour te dépanner ?

CLOTILDE - Ça, j'y avais pensé, figure-toi !

SOPHIE - Et alors ?

CLOTILDE - Alors mon oncle est arrivé juste au moment fatidique et il m'a donné du liquide en me disant qu'ainsi les impôts n'y mettraient pas leur nez.

CHRISTOPHE - Sans compter qu'il aurait fallu décalquer la signature… Franchement, ce n'était pas top !

ISABELLE - Tandis que là, no problem, elle signe en direct !

SOPHIE - Tu es sûre que ce papier est légal ?

CLOTILDE - Pas de souci ! Le tout c'est que ma tante le signe…

CHRISTOPHE *(lisant)* - « Je soussignée Emma de Fontange, déclare être en pleine possession de mes moyens intellectuels et désire qu'à dater de ce jour ma propriété, le manoir du Clos de la Roseraie, revienne à ma nièce, Clotilde Touron. Je renonce à l'usufruit de ladite propriété étant donné que je souhaite me retirer à la résidence des « Cèdres Bleus » accompagnée de mon époux afin que ma nièce ait désormais la jouissance pleine et entière de ma propriété. Fait à… » Et cetera, et cetera.

SOPHIE - Eh bien, mais ça me semble parfait !

ISABELLE *(intercalant soigneusement un carbone entre deux feuilles)* - Bon… Alors, le papier, le carbone, la facture du teinturier, le stylo… Voilà !

Louise arrive.

LOUISE - Les bagages sont montés…

CLOTILDE - Vous voyez ! Avec de la bonne volonté, on arrive à tout !

LOUISE *(voyant le papier)* - Oh ! qu'est-ce que c'est ? Ah oui ! La note mensuelle du teinturier ! Tiens, qu'est-ce qu'elle fait là ? *(Elle attrape le stylo.)*

CLOTILDE *(s'interposant)* - Mais… Mais… C'est ma tante qui doit signer !

LOUISE - Pas la peine de la déranger ! C'est toujours moi qui m'en occupe… *(Elle prend le stylo, signe la note et s'en va.)*

ISABELLE - Oh ! la triple buse !

SOPHIE - De quoi elle se mêle ?

CHRISTOPHE - Il faut trouver autre chose…

CLOTILDE - Mais quoi ?

ISABELLE - Y a pas une autre facture qui traîne ?

CLOTILDE - Penses-tu ! C'est même déjà bien beau qu'on en ait trouvé une ! « Ordre et méthode », c'est la devise de cette satanée bonniche !

SOPHIE - Il va falloir passer au plan F.

CHRISTOPHE - Ça, c'est en désespoir de cause… Attends, on va bien trouver un moyen…

L'infirmière arrive. La bonne arrive d'un autre côté, un papier à la main.

MLLE PASQUET - Quel remue-ménage, dehors ! Il y a deux ambulanciers qui ont égaré un patient ! Il paraît qu'il se dirigeait par ici. Vous n'avez vu rôder personne ?

CLOTILDE - Non, pas que je sache… Et vous ?

CHRISTOPHE - Non…

ISABELLE - Je n'ai rien vu…

SOPHIE - C'est qui ? Un fou qui s'est échappé ou quoi ?

MLLE PASQUET - D'après les ambulanciers, ce n'est pas vraiment un fou… Il paraît qu'il est juste un peu spécial mais pas dangereux… Enfin, ils aimeraient bien remettre la main dessus malgré tout… Ils ont dit que si on le voyait, il faudrait prévenir les « Cèdres Bleus ».

LOUISE - Les Cèdres Bleus ! Il y a des détraqués aux « Cèdres Bleus » ?

CLOTILDE - Mais non… C'est juste dans un bâtiment à part pour des personnes un peu fragiles…

ISABELLE - Ça fout les jetons, quand même…

CHRISTOPHE - On est assez nombreux pour le maîtriser le cas échéant !

SOPHIE - Arrêtez ! Ça peut être drôle !

CLOTILDE *(à Louise)* - Vous n'avez vu personne ?

LOUISE - Non. *(Elle hésite un peu.)* Il n'y a eu que la visite du docteur pour Madame…

CLOTILDE - Eh bien, ne restez pas plantée là ! Il serait peut-être temps de vous occuper du déjeuner, non ?… C'est quoi ce papier ?

LOUISE - Une pétition. Ils veulent mettre la rue des Lilas à double sens.

MLLE PASQUET - Quelle idée ! Elle n'est déjà pas si large !

CLOTILDE - Donnez… J'en parlerai à ma tante. *(Elle lui arrache le papier.)* Eh bien ! Et le repas ? Il va se faire tout seul ? *(Louise sort.)* Alors, mademoiselle Pasquet, vous avez trouvé vos munitions ?

MLLE PASQUET - J'ai ce qu'il faut ! Malheureusement pour votre tante, le traitement n'existe que sous forme de cachets… Enfin…

CLOTILDE - Vous avez une patience d'ange… Moi, à votre place, je refuserais de rester plus longtemps…

MLLE PASQUET - Sans une infirmière à domicile, votre oncle et votre tante ne pourraient pas rester chez eux…

CLOTILDE - Et alors ?… Moi, je suis sûre qu'ils seraient bien mieux dans une maison médicalisée adaptée à leurs besoins et à leur état de santé…

MLLE PASQUET - Pour ce qui est de leur santé physique, c'est certain… Mais pour leur santé morale, ce serait autre chose…

CHRISTOPHE - Avouez qu'il y a mieux comme clients !

ISABELLE - Et dans un endroit moins isolé !

SOPHIE - On ne vous en voudrait pas si vous partiez…

MLLE PASQUET - Mais je n'ai pas envie de m'en aller ! Je les aime bien, moi ! Et puis, avec eux, les journées ne sont pas monotones !

CLOTILDE - Ils sont épuisants, avouez-le !

MLLE PASQUET - Oh ! j'en ai vu d'autres ! Par contre, je trouve votre insistance à me voir partir bien singulière !

CLOTILDE - Comme vous voudrez… C'est vous qui voyez… Je disais ça pour vous mais, si la situation vous convient, tant mieux ! *(L'infirmière sort.)* Je vous l'avais dit : je n'ai pas le choix ! Il faut que je lui fasse signer ce fichu papier et… vous savez quoi ? *(Elle brandit la pétition.)* La voilà, la solution !

SOPHIE - Oh oui ! La pétition !

CHRISTOPHE - Ce coup-ci, pas de panique !

ISABELLE - Donne… *(Elle intercale à nouveau soigneusement un carbone entre la pétition et le papier à signer.)*

SOPHIE - Manque plus que la tantine !

CLOTILDE - Attends ! Attends ! Il y a trop de place. Il faut seulement laisser le bas de la page de libre, comme ça la signature de ma tante sera au bon endroit. *(Ils signent tous.)*

La bonne arrive.

LOUISE - Ça me trotte dans la tête cette histoire de rue à double sens... Plus on sera nombreux à signer, plus ça aura de poids !

Avant qu'ils aient pu faire un geste, elle signe et repart dans la foulée.

CLOTILDE - Oh non ! Oh non ! Je rêve !

ISABELLE - Mais c'est une vraie calamité cette bonne femme !

SOPHIE *(soulevant les feuillets)* - Mais... Mais... Ça n'a pas marqué !

CLOTILDE - Fais voir... Ça alors !

CHRISTOPHE *(se mettant à rire)* - Tu avais mis le carbone à l'envers !

ISABELLE - Ah ! c'est malin !

SOPHIE - La preuve : ça arrive !

CLOTILDE - Ne vous chamaillez pas, ça nous a sauvé la mise !

SOPHIE - C'est vrai, ça : je vous ai sauvés !

ISABELLE - Oui... Oh ! ne t'en vante pas ! Si c'était la tantine qui avait signé...

CHRISTOPHE - On t'arrachait la peau des fesses pour en faire un abat-jour !

CLOTILDE - Il reste encore une petite place. Le tout c'est de bien positionner les feuilles. Bon, ce coup-ci, c'est moi qui m'en occupe ! *(Elle remet bien tout en place.)*

MLLE PASQUET - Ça me chagrine, cette histoire de rue… Il n'y a pas de raison… Allez! Je signe aussi! *(Elle prend vivement le stylo, signe et repart.)*

ISABELLE *(d'une voix blanche)* - On fait quoi maintenant?

CHRISTOPHE - Ben dis donc!

SOPHIE - C'est dingue…

CLOTILDE - C'est décourageant…

CHRISTOPHE - Je ne vois plus… Qu'est-ce qu'on pourrait bien trouver?

CLOTILDE - Oh! j'ai une idée! Une seconde, je reviens… *(Elle sort.)*

ISABELLE - C'est moins facile que prévu.

SOPHIE - Moi, je vous le dis : il faut passer au plan F!

CHRISTOPHE - Franchement, si on peut éviter…

ISABELLE - Ben ouais… Tu te rends pas compte!

SOPHIE - Vous me faites rire! On sera bien obligés si on peut pas faire autrement!

CHRISTOPHE - Tu ne serais pas parente avec Lapalisse, toi?

Clotilde revient.

CLOTILDE - Voilà! *(Elle brandit une feuille blanche.)*

CHRISTOPHE - Tu veux lui faire signer une feuille blanche?

CLOTILDE - Que font les fans de french cancan quand ils rencontrent l'ex-vedette du « Moulin Rouge »?

ISABELLE - Ils lui demandent un autographe!

CLOTILDE - Tout juste!

CHRISTOPHE - Là, je sens que c'est gagné !

ISABELLE - Oh oui ! Je suis fan à mort ! C'est fou ce que je peux être fan !

ISABELLE - Et si ça ne marche pas ?

SOPHIE - Ben oui… On fera quoi ?

CLOTILDE - On passera au plan « F »… Je ne voulais pas en arriver là mais, si ça rate, il n'y aura pas d'autre solution.

CHRISTOPHE - En attendant, ce qu'il faut, c'est éloigner tout le monde et avoir la tantine entre quatre z'yeux…

ISABELLE - La bonne est dans ses casseroles…

SOPHIE - L'infirmière est dans ses pilules…

CHRISTOPHE - Bon, on va mettre toutes les chances de notre côté… Il ne reste plus qu'à éloigner le pépé. C'est plus prudent…

À cet instant précis, Armand arrive.

CLOTILDE - Ah ! mon oncle !… Justement, on parlait de vous. Je vous présente mes amis : Christophe…

CHRISTOPHE - Enchanté de vous connaître !

CLOTILDE - Isabelle…

ISABELLE - C'est un plaisir…

CLOTILDE - Sophie…

SOPHIE - C'est si gentil à vous de nous offrir l'hospitalité !

ARMAND - Oui, oui… Soyez les bienvenus…

CLOTILDE - Mon oncle, j'expliquais à Christophe combien votre collection d'écussons de louveteaux était complète !

ARMAND - Vous vous intéressez au scoutisme ?

CHRISTOPHE - Oh ! c'est plus qu'un intérêt, monsieur, c'est une passion !

ARMAND - Vraiment ! Vous avez été scout ?

CLOTILDE *(vivement)* - Oui, oui, oui ! Scout ! Bien sûr, mon oncle !

CHRISTOPHE - C'est sûr ! Oh là là ! Que de souvenirs !

ARMAND - Quel était votre totem ?

CHRISTOPHE - Mon quoi ?

CLOTILDE *(vivement)* - Lapin Agile ! Alors, vous voyez, mon oncle, vous avez affaire à un connaisseur ; les écussons, c'est son dada…

ARMAND - Eh bien, si je m'attendais !

CLOTILDE - Je lui disais justement que vous aviez celui des Castors Argentés.

ARMAND - Évidemment, c'est un grand classique ! J'ai mieux que ça !

CHRISTOPHE - Vous voulez dire que vous avez des pièces rares ?

Clotilde s'en va discrètement.

ARMAND - Ma foi… Je dois avouer que quelques-unes d'entre elles sont même rarissimes ! Par exemple : Asticot Lumineux, Blaireau Odorant, Fouine Joyeuse… Hé ! hé !… Ça vous épate, hein ?

CHRISTOPHE - Non ! Incroyable ! Est-ce que j'oserais vous demander…

ARMAND - Vous aimeriez les voir, n'est-ce pas ? Allez, venez… Je devine en vous le connaisseur averti alors je veux bien vous accorder ce privilège !

CHRISTOPHE - Oh ! quel bonheur !… Quelle émotion !…

ISABELLE - Je n'y crois pas !... « Fouine Joyeuse » !

SOPHIE - Hi ! hi ! hi ! Et Christophe : « Quel bonheur ! Quelle émotion ! »

Clotilde revient avec sa tante.

CLOTILDE - Voici mes amies, ma tante. Il manque Christophe. Il est avec mon oncle : il est allé admirer sa collection d'écussons de louveteaux...

EMMA - Des lève-tôt ! Eh bien, c'est rare chez des jeunes !

CLOTILDE *(fort)* - Non, je disais : il manque un garçon. Il est avec mon oncle. Il regarde la collection !

EMMA - Une collation ? Mais il sera bientôt l'heure de déjeuner !

ISABELLE *(à Clotilde)* - Dis donc, ça va être simple !

SOPHIE - Qu'est-ce qu'on va faire si elle comprend rien ?

CLOTILDE - Elle est sourde, pas manchote !

ISABELLE - N'empêche... Ça ne facilite pas la manœuvre !

CLOTILDE *(fort)* - Ma tante ! Vous avez deux admiratrices ! Elles voudraient un autographe !

EMMA - Ah non ! Je n'ai pas d'agrafes... J'ai du ruban adhésif, si vous voulez...

CLOTILDE - Non ! Un autographe ! Une signature ! *(Elle lui tend le stylo.)*

EMMA - Mais pourquoi veux-tu que je dessine une voiture ?... Voyons, Clotilde, tu m'inquiètes...

ISABELLE - C'est bien ce que je disais...

SOPHIE - Pas manchote et pas gâteuse !

CLOTILDE - Attendez ! J'ai une idée… *(Elle écrit quelque chose sur la feuille et fait signe à sa tante de lire.)* Voilà !

EMMA *(lisant)* - « Je soussignée Emma de Fontange, certifie que votre fille Sophie fait un voyage d'agrément en mon manoir du Clos de la Roseraie et ceci en compagnie de ma nièce Clotilde. N'ayez donc aucune inquiétude. » Ah ! je comprends ! Vos parents soupçonnaient une escapade douteuse !… Rassurons-les… *(Elle signe.)*

Toutes les trois se font des signes, des clins d'œil.

CLOTILDE - Et voilà, les filles ! *(Elle vérifie.)* Pile à la bonne place ! Bon sang que ça fait du bien… Je me sens toute chose…

ISABELLE - Finalement, c'était du velours !

SOPHIE - Une idée de génie, ton petit mot !

ISABELLE - Eh, remets-toi !

CLOTILDE - Vous vous rendez compte ? C'est signé !

SOPHIE - C'est génial !

CLOTILDE - Oui… Je suis assez contente de moi ! Et comme on dit… *(Elle brandit la feuille.)* « Les paroles s'envolent mais les écrits restent ! »

Le fou entre et considère la scène.

LE FOU - Erreur, jeune demoiselle ! Erreur ! Et je le prouve ! *(Il lui arrache le papier des mains et le transforme en confettis qu'il lance en l'air.)* Vous voyez : les écrits s'envolent aussi et parfois les paroles sont si lourdes de sens qu'elles pèsent à jamais dans nos vies ! Les proverbes sont illusoires et trompeurs !

CLOTILDE - Ma feuille ! Ma feuille ! Qu'est-ce qu'il a fait de ma feuille ?!

ISABELLE - Mais d'où il sort ce barjo ?

SOPHIE - Je n'y crois pas… C'est qui ce bouffon ? Je vais lui faire une tête !

EMMA - Faire la fête ! Je veux bien ! Mais vous devriez acheter de vrais confettis ! Au moins ils sont en couleurs !

La bonne arrive. Les filles sont dégoûtées et s'en vont.

LOUISE - Le déjeuner est prêt… Oh ! docteur, vous êtes toujours là ! Je vous croyais parti.

LE FOU - Qui sait ? Moi-même, je doute !… Tout est possible. Le visible est parfois le reflet de l'invisible… Comment savoir ?

EMMA - Bon ! Puisque tout le monde est là, on va pouvoir passer à table. Louise, vous irez chercher Monsieur. Par contre, je ne sais pas où il se trouve…

LOUISE *(désignant le fou)* - Le docteur reste aussi ?

EMMA - Un ami ! Oui ! Je l'ai installé dans la chambre jaune, ne vous inquiétez pas.

LOUISE - C'est une bonne idée ! Un médecin et une infirmière à domicile ! Vous allez être comme des coqs en pâte !

EMMA - Vous avez bien fait de mettre des pâtes : de nos jours, les jeunes gens n'aiment pas les légumes !

RIDEAU
ENTRACTE

ACTE 2

Les jeunes sont en train de discuter.

CHRISTOPHE - Ton oncle est redoutable. Je ne vais jamais m'en sortir !

ISABELLE - Alors, ils sont beaux, au moins, ces écussons ?

CHRISTOPHE *(lugubre)* **-** Très ! Ça fait deux jours que je m'y colle tous les après-midi. Il veut tout m'expliquer : le pourquoi, le comment, la signification des formes, des couleurs, pourquoi certains ont des franges et d'autres pas… Que ça s'arrête, par pitié ! Quand je pense que demain ça va recommencer !

CLOTILDE - Demain, tout le monde voudra quitter le manoir ! Et en courant, encore !

SOPHIE - Ça y est, tout est prêt ! Ton sacrifice n'aura pas été vain !

CHRISTOPHE - Vous avez terminé, bien vrai ?

ISABELLE - Qu'est-ce que tu crois !

CLOTILDE - Oui, tout est fin prêt. On n'a pas chômé, crois-moi.

SOPHIE - Franchement, on va faire notre petit effet !

ISABELLE - Il me tarde d'y être. La nuit va être longue !

CHRISTOPHE - Et le réveil brutal ! Bravo les filles, vous avez assuré !

ISABELLE - De vraies petites abeilles…

CLOTILDE *(à Christophe)* - Toi aussi, tu as eu ta part de mérite.

CHRISTOPHE - Moralement en tout cas, c'est sûr…

SOPHIE - Je me régale à l'avance !

ISABELLE - T'imagines, après ? La classe ! On va pouvoir profiter de tout ça… Faire venir les copains !

SOPHIE - Tout simplement génial !

CHRISTOPHE - Super, les filles ! Bon, montrez-moi tout ça…

CLOTILDE - Oui. Il faut être au top ! Allons régler les derniers détails…

Ils se mettent les mains les unes sur les autres et chantent tous ensemble.

TOUS - « On fera tout ce qu'il faut,
Du manoir on s'ra proprios… Yo ! »

Les mains s'envolent. Ils sortent.
Emma entre au bras du fou. La bonne arrive peu après.

EMMA - Ah ! on a fait une belle promenade ! Je ne me lasse pas de mon parc !

LE FOU - Ineffable beauté d'une nature exubérante et créatrice ! Ivre du soir qui tombe et déjà dans l'attente de la rosée de l'aube ! Ah ! je suis un Verlaine !

EMMA - Louise !

LOUISE - Oui, Madame ?

EMMA - Notre invité veut une verveine. Faites-lui donc une infusion et puis une pour moi aussi. Ça fait du bien avant d'aller dormir.

Louise sort.

LE FOU - Une décoction ! Quelle déduction ! Je vous parle nature ; vous pensez plantes, donc tisane ! Logique implacable d'un cerveau bouillonnant, toujours en éveil, alerte !

EMMA - De la verveine verte, oui. C'est la meilleure !

LE FOU - Comme ce lieu respire le calme et la sérénité !

EMMA - Oui, bien sûr, mais le thé est un excitant. Le soir il vaut mieux boire une tisane.

LE FOU - Mille pardons, je rêvais… Je n'ai point accordé à vos paroles l'attention qu'elles méritent.

EMMA - Un rite, oui, en quelque sorte…

Louise revient.

LOUISE - Voilà…

LE FOU - Concision ! « Voilà » égale « Vois… là » ! Tout est dit ! Le mot ! Le mot juste ! Juste le mot !

L'infirmière arrive.

MLLE PASQUET - Votre sirop du soir… *(Elle lui tend une cuillère à soupe pleine.)*

EMMA - Évidemment qu'il faut le boire ! Je ne suis pas complètement stupide !

MLLE PASQUET *(haussement d'épaules en direction de la bonne)* - Vous savez où est monsieur le baron ?

LOUISE - Il avait remmené le jeune homme voir ses écussons après le repas mais je pense qu'ils ont fini parce que j'ai vu tous les jeunes gens aller vers leurs chambres.

Armand entre.

MLLE PASQUET - Ah ! je vous cherchais !

ARMAND - Eh bien, vous m'avez trouvé. Et vous savez quoi ? Vous ne me faites pas peur ! Le soir, je n'ai pas de piqûre ! Et toc !

MLLE PASQUET - Je sais. Mais aujourd'hui, c'est le jour de votre prise de sang !

ARMAND - Comment ça ma prise de sang ?! Qu'est-ce que c'est que cette invention ?

EMMA - Au fait, Armand, c'est ce soir ton petit contrôle sanguin. N'est-ce pas mademoiselle Pasquet ?

ARMAND - Ça c'est la meilleure ! De quoi tu te mêles ?

EMMA - Bien sûr que je me rappelle ! Je suis soucieuse de ta santé !

MLLE PASQUET - Vous voyez que je n'invente rien !

ARMAND - Mais c'est une manie de faire des trous à vos contemporains ! C'est une véritable obsession ! Vous auriez dû être poinçonneur à la RATP !

MLLE PASQUET - Il me faut juste une goutte ! Je vous pique le doigt et c'est tout !

ARMAND - Vous voyez, docteur ! Cette femme, elle a l'air normal. Enfin, presque ! Eh bien, en fait, c'est un vampire !

EMMA - C'est sûr qu'il y a pire ! Tu en fais des histoires !

LE FOU - Vous ne m'étonnez pas, cher monsieur ! Mais c'est naturel. Observons : LA sangsue, LA puce, LA tique et, chez les moustiques, seule LA femelle se nourrit de sang. C'est ainsi. On peut donc dire que le vampire est LA !

LOUISE - Voyons, Monsieur, il faut vous laisser faire !

EMMA - Mais non, Louise ! Ce n'est pas pour le fer : c'est pour contrôler son diabète !

MLLE PASQUET - Venez avec moi, monsieur le baron…

ARMAND - Je vois que je bénéficie du soutien de tous ! Merci beaucoup !

Il se penche et embrasse Emma sur le front.

ARMAND - Fais de beaux rêves, Emma, et à demain.

EMMA - Mais non ! Pas les deux mains ! On te pique juste le bout du doigt ! Ah là là ! On dirait un enfant ! Allez… Passe quand même une bonne nuit…

MLLE PASQUET *(voulant prendre le bras d'Armand)* - Allez ! On y va !

ARMAND - Ah ! ne me touchez pas, hein ! Non mais ! Qui est-ce qui commande ici ? Suivez-moi et taisez-vous !

MLLE PASQUET *(au fou)* - Docteur, je compte sur vous pour que madame la baronne ne veille pas trop tard. *(Elle sort avec Armand.)*

LE FOU - La veille, c'est déjà le sommeil ou le réveil. Paradoxe ! La veille, c'est le lendemain d'avant-hier mais c'est aussi avoir l'œil aux aguets !

EMMA - C'est vrai que vous êtes gai ! C'est ce qui me plaît en vous. Vous pouvez aller vous coucher, Louise, je vais en faire autant et notre ami aussi, je pense.

Le fou aide Emma à se relever de son fauteuil et, la tenant par le coude, l'accompagne vers le couloir.

LE FOU - Venez, très chère hôtesse. Notre complicité me ravit. J'ose le plagiat : vous m'aimez, moi non plus !

EMMA - Oh oui ! Je suis rompue ! Mais c'est normal, à mon âge, que voulez-vous…

LOUISE - Bonne nuit, docteur. À demain, madame la baronne.

Ils se dirigent vers la sortie. La bonne éteint et allume juste une lampe et le couloir puis s'en va à son tour. La scène reste vide quelques instants. On entend une chouette puis les trois coups de trois heures.

Deux cambrioleurs entrent furtivement. Paulo est soûl. Ils portent chacun un grand sac vide en tissu et un cordon et ils se sont mis du noir sur la figure.

BÉBERT - Alors, Paulo, tu la ramènes, oui !

PAULO - Att… attends… je… j'arrive !

BÉBERT - Ah ! t'es dans un bel état ! Qu'est-ce qui m'a pris de te laisser seul toute la soirée ?

PAULO - Je… j'étais pas seul… y avait une chopine… euh… une copine… un co… copain, je sais plus…

BÉBERT - T'es complètement noir !

PAULO - Ben… t'as… t'as du culot : c'est t… toi qui m'as mis de la s… de la suie sur la figure…

BÉBERT - T'es rond comme une queue de pelle, oui !… Ah ! bon sang ! C'est pas le jour !

PAULO - Ben… ben alors… tout va bien ! Y fait nuit ! *(Il rit bêtement.)*

BÉBERT - Mets-la en veilleuse ! T'es discret, y a pas à dire !

PAULO - Ch… chuis cham… champion de discrétion ! *(Il se cogne la jambe dans la table.)* Aïe !

BÉBERT - Chut ! Mais tais-toi ! C'est pas vrai…

PAULO - C'est pas… pas ma faute… c'est la table qui a co… commencé !

BÉBERT - Tu parles ! Dis plutôt que tu peux pas mettre un pied devant l'autre !

PAULO - Tu me fais ma… marrer. Avec tous ces orteils à faire marcher en… ensemble… hips !… Si… si tu crois que c'est fa… facile !

Il prend un vase en étain, veut le mettre dans son sac mais ne trouve pas l'ouverture.

BÉBERT - Pose ça ! Faut de la méthode. On va commencer par les autres salons et on finira par celui-ci : c'est le plus proche de la sortie…

PAULO *(assez fort)* - À vos ordres… ch… chef !

BÉBERT - Mais bougre d'andouille, tu vas te taire, oui ?! *(Il lui donne un coup avec sa casquette.)* Allez ! Suis-moi !

PAULO - Chuis rien que ton souffre-douleur ! Tu m'aimes pas !!! *(Il se met à pleurer.)*

BÉBERT *(mangeant sa visière)* - C'est pas possible ! Mais qu'est-ce que j'ai fait au Bon Dieu !

PAULO - Si tu m'aimes pas, je m'en vais… *(Il tourne les talons.)*

BÉBERT *(l'attrapant par la manche)* - Reviens ici, bougre d'âne ! Mais si, je t'aime ! Là ! T'es content ?

PAULO - Tu dis ça sans con… conviction !

BÉBERT *(fermant les yeux et respirant profondément)* - Paulo, arrête ton cirque… Tu vas faire rater le plus beau casse de l'année !

PAULO - Tu vois ! J'en étais s… sûr ! Tu m'aimes pas ! *(Il pleure.)*

BÉBERT - Si ! Si ! Je te jure que je t'aime ! Tais-toi. Pleure plus ! Mais c'est pas vrai… Non mais c'est pas vrai…

PAULO - Tu… tu dis ça pour me faire plaisir ! Chuis sûr que tu le penses pas !

BÉBERT - Je pense qu'à ça, au contraire ! Du matin où je me lève au soir où je me couche, je me dis : « Ah ! comme je l'aime, Paulo ! »

PAULO - Bien vrai ?

BÉBERT - Oui, vrai ! Véridique ! Sûr ! Certain ! Alors, tu viens ?

PAULO - Embrasse-moi !

BÉBERT - Quoi ?!

PAULO - Si tu m'aimes, embrasse-moi !

BÉBERT - Ça va pas, non ?! T'as viré ta cuti ou quoi ?

PAULO - Je te croirai que si tu m'embrasses !

BÉBERT - Pas question !

PAULO - Bon, ben, je p… je pars !

BÉBERT *(le rattrapant encore une fois)* - Admettons que je le fasse… T'arrêteras ton cinéma ?

PAULO - Juré… cra… craché ! *(Il crache par terre.)*

BÉBERT *(faisant un écart)* - Hé ! ho ! Vise ailleurs ! Bon, d'accord, mais qu'une fois, hein ? *(Paulo tend la joue. Il l'embrasse vite fait et s'essuie la bouche car ils sont tout barbouillés de noir.)* Ça te va comme ça ?

PAULO - Bon… Alors, chuis ton homme !

BÉBERT - On a assez perdu de temps… Allez, viens… Eh, tu viens ?

PAULO - Chut !!!

*Ils sortent tous les deux mais Paulo oublie son sac.
Clotilde revient, en chemise de nuit. Elle est suivie de trois
« fantômes ». Ils ont à la main des cagoules percées de deux
trous pour les yeux.*

SOPHIE - Enfin ! Application du plan F ! « F » comme… fantôme !

CLOTILDE - Venez par là… Faites voir… Mettez vos cagoules… Oui, super ! *(Elle arrange les plis des tissus.)* Tiens… Vas-y, Isabelle, fais-moi peur !

ISABELLE - Hou ! hou ! T'as les chocottes, hein !

CHRISTOPHE - Plus grave la voix…

ISABELLE - Hou ! hou ! Je suis le fantôme du manoir !

SOPHIE - Hou ! hou ! Je hante ces lieux depuis deux siècles !

CLOTILDE - Pas mal ! Bon, alors, c'est le moment : on va leur couper le premier sommeil. Trois heures du matin, c'est l'idéal… Sophie, tu vas vers la chambre de la bonne ; Christophe, vers celle de l'infirmière ; Isabelle, toi, tu restes ici pour prendre à revers les fuyards. *(Ils commencent à s'éparpiller.)* Eh, je ne veux pas avoir leur mort sur la conscience… Il faut leur faire peur, mais attention quand même à leur cœur !

> *Elle repart, suivie de deux fantômes. Celui qui reste se regarde dans la glace, fait des mines.*
> *Paulo revient. Il porte une lampe électrique et, comme il est soûl, il la tient sous son menton de telle sorte qu'elle éclaire sa figure (barbouillée de noir) par en dessous. Le « fantôme » le voit dans la glace, se retourne, pousse un cri étouffé et se colle littéralement dans un fauteuil. Le dossier le cache à Paulo qui ne le voit donc pas.*

PAULO - J'en ai plein les bottes… et ça tourne ! Où il est ce mau… maudit sac ? *(Il voit le sac qu'il avait oublié et le ramasse.)* Je vais m'asseoir deux minutes ! *(Il va vers le fauteuil et s'y laisse tomber. Le « fauteuil » pousse un cri, se relève d'un coup en bousculant Paulo et s'enfuit.)* Mais… Mais… C'était quoi ? *(Il est par terre, hébété.)*

> *Bébert arrive.*

BÉBERT - Ça va pas, non ! Tu veux réveiller toute la maisonnée ? Qu'est-ce que tu fabriques par terre à pousser des cris pareils ?

PAULO - C'est le fau… fau… fauteuil !

BÉBERT - Bien sûr ! C'est le fauteuil qui a crié ! C'est bien connu : le fauteuil crie !

PAULO - Partai… farpai… parfaitement ! Il a crié ! Et… même…
il a bougé !

BÉBERT - Mais c'est normal ! C'est un fauteuil qui danse la java…
C'est courant ! Bon sang, j'en ai vu des mecs bourrés, mais une cuite
pareille, c'est la première fois !

PAULO - Tu me fais beaucoup de peine… Bé… Bébert… Hips !

BÉBERT - Et toi, tu me fais rigoler ! Ramasse ton sac, outre à vin,
et ramène ta viande vite fait !

PAULO - N'empêche que le fauteuil… il a crié et il… il a bougé !

BÉBERT - Toi et ton delirium, vous commencez à me les briser
menu ! Suivez-moi tous les deux et, le premier qui bronche, je lui
explose la tête ! Vu ?…

PAULO - T'as pas de cœur, Bébert…

Ils sortent. Deux fantômes apparaissent.

CLOTILDE - Ah ! ça commence bien ! C'est toi qui dois effrayer
les autres, pas le contraire !

CHRISTOPHE - Tu vois bien, il n'y a personne…

ISABELLE - Je vous assure ! Une face horrible qui flottait dans la
pièce ! J'en ai encore la chair de poule !

CHRISTOPHE - Qui voulais-tu que ce soit ? Tu as rêvé !

ISABELLE - Mais pas du tout ! J'étais là, dans le fauteuil, et la
chose est venue sur moi en marmonnant des trucs.

CLOTILDE - Une chose qui marmonnait des trucs ! Bon, Christophe,
tu vas rester ici. *(À Isabelle.)* Allez, viens avec nous, et ce coup-ci
pas d'histoires sinon tout est à l'eau !

Elles sortent.

CHRISTOPHE - Si les fantômes se mettent à avoir les chocottes…
Ah ! c'est bien les filles, ça ! Je vais me planquer derrière ce pilier…

L'effet de surprise n'en sera que meilleur ! *(Emma arrive.)* Ah ! voilà la tantine !

EMMA - Encore mes insomnies… C'est sûrement la faute de ces cachets qu'elle m'oblige à prendre. Heureusement que je triche ! Hi ! hi ! hi !… Ah ! la voilà !

Elle aperçoit sa liseuse sur un dossier de chaise et la récupère. Christophe surgit derrière elle.

CHRISTOPHE - Hou !… Hou !… *(Emma, sourde, ne sursaute évidemment pas et commence à repartir tranquillement. Il essaie de se mettre en face d'elle mais, à chaque fois, elle se tourne et ne le voit pas.)* Hou !… Hou !…

EMMA - Il doit y avoir du vent… J'entends un volet qui grince.

Elle s'en va.

CHRISTOPHE - Hé ! ho ! Hou, quoi !… Hou !… Hou !… C'est pas vrai ! Elle est sourde comme trente-six mille pots ! *(Clotilde entre.)* Ah ! te voilà !

CLOTILDE - Les filles sont sur le sentier de la guerre. Et toi ?

CHRISTOPHE - Elle était là, elle ne m'a pas vu ! Elle ne m'a même pas entendu !

CLOTILDE - Ma tante ?

CHRISTOPHE - Ben oui ! Elle est repartie tout tranquillement !

CLOTILDE - Elle est complètement sourdingue, il fallait crier très fort !

CHRISTOPHE - Qu'est-ce que tu crois ? J'ai hurlé, rien n'y a fait !

CLOTILDE - Je vais te la ramener… Bouge pas…

Elle s'en va.

CHRISTOPHE *(s'entraînant devant la glace)* - Pourtant je suis effrayant, quand même ! Rahouahahah !

Armand apparaît.

ARMAND - Qu'est-ce que c'est que ce boucan ? *(Il aperçoit le « fantôme ».)* Oh ! sacré bonsoir de vermine !

Il repart en courant.

CHRISTOPHE - Ah ! quand même ! J'ai réussi à affoler l'ancêtre ! La fête va pouvoir commencer !

Un temps. Clotilde et Emma arrivent.

CLOTILDE - Je vous assure, ma tante… J'ai entendu du bruit… Ça venait de ce salon…

EMMA - Je n'y comprends rien ! Tu me sors du lit parce que tu trouves le temps long ?

CLOTILDE - Non… Du bruit ! Je suis sûre qu'il se passe quelque chose d'anormal !

EMMA - Si tu vas mal, il faut en parler à Mlle Pasquet, voyons !

CLOTILDE - Oh ! regardez !

Le fantôme fait « Hou ! hou ! ». Emma lui tourne le dos…

CLOTILDE - Ma tante ! Là ! Quelle horreur !

EMMA - C'est sûr : ce n'est pas l'heure ! Je retourne me coucher…

CLOTILDE - Mais enfin, ma tante, regardez !

Elle prend Emma par les épaules et lui fait faire face au fantôme. Emma plisse les yeux.

EMMA - Je n'ai même pas eu le temps de mettre mes lunettes… J'ai comme un voile blanc devant les yeux. Je ne sais pas ce que tu voulais me montrer mais je pense que ça peut attendre demain !

Elle repart.

CHRISTOPHE - Tu vois ! Je te l'avais dit !

CLOTILDE - Mais… Ma tante ! Ho ! hé !… Pas croyable ! Mais heureusement, les autres ne sont pas dans son état… Ça va les remuer ! Fais-moi confiance !

Armand revient, une pétoire à la main.

ARMAND - Bon sang ! Je ne regrette pas de l'avoir gardé, celui-là !

Il embrasse sa pétoire, vise et tire.

CHRISTOPHE - Ouh là ! Ouille ! Aïe ! Ouille ouille ouille !

Il saute sur place en se tenant le postérieur et s'enfuit.

CLOTILDE - Mon oncle ! Oh !…

ARMAND - Eh bien, quoi ? Il ne risque rien, il est déjà mort ! Et puis le gros sel n'a jamais tué personne ! Par contre, ça chatouille le postérieur ! *(On entend des cris.)* Mais c'est la voix de Louise ! Et celle de Mlle Pasquet ! Bon sang de bonsoir !…

Il part, suivi de Clotilde.
Les cambrioleurs reviennent. Leurs sacs sont pleins.

BÉBERT - Grouillons-nous, Paulo ! Je sais pas ce qui se passe mais c'est la révolution !

PAULO - Mais… on n'a rien pi… piqué, ici !

BÉBERT - Laisse, j'te dis ! Tirons-nous !

PAULO - C'est quand même dommage, re… regarde…

BÉBERT - Amène-toi bougre d'âne ! Ah !!! Qu'est-ce que c'est ?

Deux fantômes arrivent (Sophie et Isabelle). Toutes les deux courent, crient. Les cambrioleurs lâchent leurs sacs et se cachent derrière les fauteuils. L'infirmière apparaît d'un côté.

MLLE PASQUET - Ah ! vous voilà ! Attendez que je vous transforme en écumoire !

La bonne arrive par un autre côté avec un rouleau à pâtisserie.

LOUISE - Et moi en pâte à tarte !

Tout le monde se poursuit dans la pièce. L'infirmière pique au petit bonheur, la bonne tape dans ce qu'elle peut. Les cambrioleurs sont à quatre pattes et petit à petit gagnent la sortie en se frayant un chemin dans la pagaille.

LOUISE - Ça fait circuler le sang, fantômes d'opérette !

MLLE PASQUET - Je sens du dodu là-dessous !

SOPHIE et ISABELLE - Au secours ! Au secours !

Clotilde apparaît.

CLOTILDE - Oh ! mon Dieu !... Oh ! mon Dieu ! *(Elle repart.)*

ARMAND - J'arrive, les filles ! Garez vos miches !... Ah ! vous voulez du secours, vous autres ! En voilà !

Il tire au petit bonheur. Finalement les filles parviennent à se sortir de ce guêpier et s'enfuient.

ARMAND - Des trouillards ! Des pétochards !

LOUISE - Revenez ici si vous osez !

MLLE PASQUET - Venez tâter de ma seringue !

LOUISE *(montrant les sacs)* - Oh ! Monsieur ! Regardez !

MLLE PASQUET *(ouvrant les sacs)* - L'argenterie !... La porcelaine !... Les étains !

ARMAND - Des bandits de grand chemin ! Des détrousseurs !... Ah ! les vandales ! Profiter de la faiblesse de deux femmes anémiques et d'une personne âgée et malade ! J'aurais dû mettre du gros plomb !

LOUISE - Il faut avertir madame la baronne !

ARMAND - Ils n'ont rien pu emporter. Ne la tracassons pas. Aidez-moi plutôt. On va tout remettre en place…

MLLE PASQUET - Vous avez raison. Inutile de l'inquiéter avec cette histoire. Ils ne reviendront pas de sitôt !

LOUISE - Je ne pense pas, non !

> *Ils sortent en emmenant les sacs. Les femmes en portent un à elles deux et Armand l'autre.*
> *Clotilde revient avec ses amies. Elles ont quitté leurs cagoules.*

ISABELLE - Mais c'est des malades !

SOPHIE - Et on était censé leur faire peur !… Ah ! c'est réussi ! Faites ce que vous voulez mais, moi, je ne reste pas un jour de plus dans cette baraque !

ISABELLE - Des malades ! Des grands malades, je vous dis ! Et c'était sans risque, hein !

CLOTILDE - Ce n'est pas ma faute… Jamais je n'aurais cru ça ! Vous allez bien ?

ISABELLE - Oh ! très bien ! On n'a qu'une petite centaine d'hématomes…

SOPHIE - Et seulement quelques dizaines de trous…

CLOTILDE - Je suis navrée, vraiment, c'est un cauchemar !

ISABELLE - Qui va s'arrêter ! Ne compte plus sur moi !

SOPHIE - Désolée, mais je suis d'accord. Qu'est-ce que tu comptes faire ?

CLOTILDE - Je ne sais pas… Je ne sais plus… Je n'y comprends rien…

ISABELLE - Où est Christophe ?

SOPHIE - C'est vrai ça… Où il est ?

CLOTILDE - Mon oncle lui a tiré dessus, il s'est enfui, je ne l'ai plus revu.

SOPHIE - Je veux qu'il soit là ! J'ai peuuuuuur !...

CLOTILDE - Calme-toi, allons, calme-toi. Il ne doit pas être bien loin...

ISABELLE - Ah ! le voilà !

Un fantôme arrive.

LE FANTÔME - Partez tant qu'il est temps ! Hors de mon domaine !

ISABELLE - Très drôle ! Très très drôle !

CLOTILDE - Tu as encore le cœur à plaisanter ?

LE FANTÔME - Disparaissez, misérables mortels, sinon ma colère sera grande !

SOPHIE - Marre, on te dit ! Tu crois que c'est le moment ? Tu es complètement fêlé !

LE FANTÔME - Malheur à ceux qui m'irritent ! Mon courroux est profond, votre irrespect intolérable !

CLOTILDE - Arrête ! Par pitié, arrête ! Tu ne vois pas qu'on n'en peut plus ?

Christophe arrive, lui aussi avec sa cagoule à la main.

CHRISTOPHE - Ah ! vous êtes là ! Je ne vais pas pouvoir m'asseoir pendant au moins une semaine !... Ah ! la vache !

ISABELLE - C'est toi... là ! Et pas... là !

SOPHIE - Mais alors... Qui c'est, là ?

CLOTILDE - Mais... Mais... Ah !!!

CHRISTOPHE - Non mais je rêve ! C'est qui ce gugusse ? Sortez de là-dessous, vous !

Il tend les mains pour tirer sur les draps du fantôme. Celui-ci lance ses bras en avant. Christophe est comme projeté en arrière, tombe sur les fesses et se relève aussitôt en se massant le postérieur.

LE FANTÔME - Comment osez-vous ainsi me parodier ? Je ne vous laisserai pas troubler la tranquillité de ce lieu !

ISABELLE - C'est un vrai ! C'est un vrai !

SOPHIE - Maman !

CLOTILDE - Au secours !

CHRISTOPHE - Je n'y crois pas, c'est pas possible !

Ils se terrent tous les trois contre la cheminée.

LE FANTÔME - C'en est fini de vos sordides intrigues. Vous allez avoir ce que vous méritez : que le feu de la glace enveloppe vos corps et vous laisse de marbre ! (*Une fumée blanche enveloppe les jeunes gens. Ils claquent des dents, essaient de se frotter pour se réchauffer mais leurs gestes sont de plus en plus heurtés et lents : ils commencent à geler.*) Le manoir vous vouliez voler, en statues vous finirez !

Emma arrive. Elle s'avance d'un pas ferme.

EMMA - Voyons, Gaston ! Tu n'as pas honte ? Terroriser ainsi ces jeunes gens ! Ce n'est plus de ton âge !

LE FANTÔME - Pardonne-moi, Emma, mais ils avaient besoin d'une bonne leçon. Ta nièce voulait te dépouiller, aidée par ses complices ! Ils pensaient ramasser un beau butin…

EMMA - Mutin… Mutin… Tu as de ces mots ! Ce n'est pas un amusement digne de toi. Allez ! Réchauffe-les !

LE FANTÔME - Tu le veux vraiment ?

EMMA - Évidemment qu'ils claquent des dents ! Même d'ici je sens la fraîcheur ! Allons, Gaston, fais ce que je dis !

Le fantôme - Soit… Je t'obéis… Que la chaleur de la vie chasse la glace de ces corps pétrifiés !

Une fumée rouge les enveloppe. Ils se réchauffent.

Emma - À la bonne heure !

Le fantôme - Tu es trop bonne, Emma. Tu es trop indulgente…

Emma - Non, je ne roule pas sur la jante ! Qu'est-ce que c'est que ce vocabulaire ? Tu dois fréquenter du beau monde, dans l'au-delà !

Le fantôme - J'ai accédé à ton désir mais je resterai vigilant. Tu as été mon épouse et tu m'as rendu heureux. Je me suis juré de veiller sur ton bonheur et je désire que ça continue…

Emma - Nue ?! Voyons, Gaston, tu n'y penses pas ! Je n'ai plus le corps de mes vingt ans !

Le fantôme - Les oreilles non plus, sauf ton respect…

Emma - Oui, merci. Toi aussi, va en paix !

Le fantôme - Quant à vous, un conseil : partez dans l'heure qui suit ou je ne répondrai plus de rien ! Vous avez compris ? Une heure, pas une minute de plus !

Tous *(en tremblant)* - Oui, oui… Oh là là !… Oui, oui !

Le fantôme s'en va.

Emma - Ne faites pas cette tête-là ! Ce n'est que Gaston ! Que voulez-vous, il est chez lui. D'habitude, il ne se fait pas remarquer. Je ne comprends pas ce qui lui a pris… En tout cas, pas un mot à ton oncle, hein ! Il n'est pas au courant de sa présence. C'est qu'il serait capable de me faire une crise de jalousie !… Bon, eh bien, la nuit a été courte, je vais monter me reposer quelques instants.

Elle repart.

TOUS *(parlant les uns sur les autres)* - C'était un vrai ! – Un fantôme pour de bon ! – On a failli se faire congeler ! – Tu peux le garder, ton manoir ! – Et les habitants qui vont avec !

CLOTILDE - Je ne savais pas… Vous pensez bien que si je m'étais doutée…

CHRISTOPHE - Oui, eh bien, moi, dans moins d'une heure, je suis parti ! Le temps de faire mes bagages !

ISABELLE - Eh, ne nous oublie pas !

SOPHIE - Vite ! Les valises ! De toute façon, on n'a pas le choix…

CLOTILDE - Attendez-moi ! Je pars avec vous ! Je ne suis plus du tout intéressée par ce tas de pierres.

Ils sortent.
Le jour se lève petit à petit. Armand revient avec Louise et Mlle Pasquet.

ARMAND - Voilà… Tout est remis en place !

LOUISE - Vous vous rendez compte ? Se déguiser en fantômes pour nous cambrioler !

MLLE PASQUET - On aura tout vu !

ARMAND - S'ils avaient le culot de revenir, ce coup-ci ils ont droit à la chevrotine pour sanglier ! En tout cas, bravo à vous deux ! Je dois reconnaître que vous avez été à la hauteur, mademoiselle Pasquet !

MLLE PASQUET - Rien ne me fait peur ! Rien !

ARMAND - Et vous aussi, Louise ! Quelle efficacité !

LOUISE - Le rouleau à pâtisserie, il n'y a que ça de vrai !

ARMAND - On a fait une sacrée équipe ! Bon sang ! J'ai retrouvé mes vingt ans ! *(Emma arrive.)* Chut ! Plus un mot et n'ayons l'air de rien !

EMMA - Décidément… Impossible de me rendormir… Et vous, vous êtes tous debout?

ARMAND - Comme tu vois, Emma… Il va faire beau, alors on s'est levé tôt!

EMMA - Encore tes louveteaux? Mais tu n'as que ce mot à la bouche! Tu vas finir par l'ennuyer, ce jeune homme!

Les jeunes arrivent avec leurs valises.

ARMAND - Vous partez? Mais vous n'êtes là que depuis trois jours!

CLOTILDE - Ils doivent rentrer plus tôt que prévu…

ARMAND - Rien de grave, j'espère?

CHRISTOPHE - Non, non, monsieur, n'ayez crainte.

SOPHIE - Et puis on vous a suffisamment dérangés…

ARMAND - Mais pas du tout, voyons! En tout cas, jeune homme, revenez quand vous voulez. Il y a encore bon nombre d'écussons que je ne vous ai pas montrés… C'est une excellente raison pour revenir. Je compte sur vous!

CHRISTOPHE - C'est sûr! Oh là là! Mais je vais être très occupé, vous savez, à mon grand regret…

ARMAND - Alors ce sera pour plus tard…

CHRISTOPHE - Plus tard… Oui, oui…

ISABELLE - Merci pour tout…

SOPHIE - Ça, on peut le dire…

EMMA - Mais qu'est-ce qu'ils font avec leurs bagages?

LOUISE - Ils s'en vont!

EMMA - Du savon? Quel savon?

LOUISE - Non ! Ils s'en vont ! *(Elle mime.)*

EMMA - Ah ! une excursion !

ARMAND - Prenez au moins une tasse de café avant de partir…

CHRISTOPHE - Non, merci, monsieur… Nous sommes assez réveillés comme ça !

ISABELLE - De la caféine et je me fais une crampe généralisée !

SOPHIE - Bon, allez, ne traînons pas ! Rappelez-vous !

CHRISTOPHE - Oui, oui… Et encore merci…

Ils sortent tous trois avec les valises.

CLOTILDE - Moi aussi, je m'en vais… Ma tante, soignez-vous bien !

EMMA - Pourquoi le train ? Qu'est-ce que tu vas faire de ta voiture ?

ARMAND - Alors tu pars ?

CLOTILDE - Oui, je vais suivre mes amis.

ARMAND - Dis donc, entre nous, tu n'as tout de même pas cru que c'était des vrais fantômes, cette nuit ?

CLOTILDE - Non, non… Bien sûr… Mais il y aurait pu en avoir un vrai, vous savez, dans ces vieilles demeures…

MLLE PASQUET - Les fantômes, ça n'existe pas !

CLOTILDE - C'est ce qu'on dit, mais certaines personnes disent en avoir vu et…

LOUISE - Pour y croire faut vraiment pas être bien !

EMMA - C'est ce que je disais ! Pourquoi le train ?

ARMAND - En tout cas, tes amis ont brillé par leur absence ! Les filles, je comprends… Mais alors Lapin Agile, il est resté planqué dans son terrier ! Il serait plutôt du genre Pingouin Frileux !

CLOTILDE *(riant jaune)* - Hé ! hé ! hé !... Bon, eh bien, au revoir mon oncle. Vous aviez raison : vous n'avez pas du tout l'âge d'aller en maison de retraite.

ARMAND - Content de te l'entendre dire ! Reviens nous voir de temps en temps ; n'oublie pas qu'un jour ce manoir sera à toi !

CLOTILDE - Rien ne presse, mon oncle, rien ne presse... Et puis, je ne suis plus vraiment intéressée. Les maisons modernes ont aussi leur charme.

ARMAND - Allons bon ! Voilà autre chose !

MLLE PASQUET - En attendant, n'ayez aucune inquiétude. Je suis là ! Vous pouvez partir l'esprit tranquille !

CLOTILDE - Oh oui ! Je n'en doute pas un instant !

LOUISE - Moi aussi, je suis là, et tant que ça sera le cas ils ne risqueront rien, croyez-moi !

CLOTILDE - J'en suis persuadée...

Christophe revient.

CHRISTOPHE - Alors, tu viens ? L'heure est pratiquement écoulée !

CLOTILDE - J'arrive, j'arrive ! Au revoir...

TOUS - Au revoir !

ARMAND - Ils étaient bien pressés de partir...

LOUISE - On aurait dit qu'ils avaient le diable à leurs trousses !

MLLE PASQUET - Les jeunes, c'est froussard. Ils ont vu les faux fantômes et les ont pris pour des vrais !

EMMA - C'est normal qu'il fasse frais ! C'est encore très tôt dans la matinée !

Le fou arrive.

LE FOU - Comme j'ai bien dormi !

ARMAND *(ironique)* - Le silence de la campagne, sans doute ?

LE FOU *(enlevant du coton de ses oreilles)* - Sortir des limbes de la nuit est une seconde naissance ! Me voici devant vous tel le nourrisson à l'aube de sa vie !

EMMA - De l'eau de vie ! À six heures du matin ! Voyons, ce n'est pas sérieux !

ARMAND - Il philosophe…

EMMA - À la coque ou avec du bacon ?

ARMAND - Louise, occupez-vous du docteur, c'est plus sûr…

LOUISE - Qu'est-ce que vous prendrez pour votre petit déjeuner, docteur ?

LE FOU - Prendre n'est qu'illusion ! D'ailleurs, on dit « prendre un bain », « prendre la main », « prendre l'air », « prendre au mot »… Et bien d'autres… En devient-on propriétaire pour autant ? Non, n'est-ce pas ! Qu'il est vain, le verbe « prendre » ! Méditez, disciple !

LOUISE - Oui, bon… Je vous apporte du chocolat, comme pour Mme la baronne…

MLLE PASQUET - Je vais vous aider…

La cloche d'entrée retentit.

ARMAND *(à Louise)* - Laissez, j'y vais…

EMMA - Nous serons sur la terrasse.

Ils sortent tous les deux.

EMMA - Cher ami, venez vous sustenter.

LE FOU - C'est un honneur indicible, charmante hôtesse de petit déjeuner en votre compagnie ! Je vous trouve adorable et nous sommes si complices… J'ai enfin trouvé quelqu'un qui me comprend.

EMMA - Oh non ! Pas de temps en temps ! Je veux que vous restiez ici pour toujours !

LE FOU - Je n'osais vous le demander. Ce sera avec joie ! Mais dites-moi, pourquoi tout le monde ici m'appelle-t-il docteur ?

EMMA - Oh oui ! Du bon beurre ! Fermier ! Vous allez vous régaler !

Ils sortent. Louise et Mlle Pasquet reviennent avec leur plateau. Louise arrive.

ARMAND - C'était les deux ambulanciers d'hier. Ils m'ont dit de ne plus nous inquiéter : ils ont retrouvé leur patient ! Il était tout barbouillé de noir et il disait qu'il avait vu un fauteuil qui bougeait et qui criait, que des draps flottaient et couraient, poursuivis par des femmes folles horribles à voir ! Vous vous rendez compte ? Et en plus, il était accompagné d'un autre, tout pareil, dans le même état. Il était hébété et il disait : « C'est ça… C'est ça… C'est tout à fait ça… Oh ! oui que c'est ça ! ».

MLLE PASQUET - Eh bien, dites donc, il y en a qui ont ramassé !

ARMAND - Ils les ont emmenés tous les deux. Ils m'ont dit que, comme ça, ils en avaient deux pour le prix d'un !

LOUISE - Bon, tant mieux, parce qu'on n'avait pas besoin d'un fou en liberté, en plus ! Et encore moins de deux !

ARMAND - Ils ont eu du mal pour les faire monter dans l'ambulance. Ils ont été obligés de leur faire une piqûre !

Louise prend le plateau et s'en va vers la terrasse.

MLLE PASQUET - À propos, c'est l'heure de la vôtre, monsieur le baron ! *(Elle sort sa seringue et prépare le tout.)*

ARMAND - Ah ! non, hein, mademoiselle Pasquet !

MLLE PASQUET - Si, si, si !

ARMAND - Pas après ce que nous avons vécu ensemble cette nuit ! Voyons… Entre camarades de combat…

MLLE PASQUET - Je ne vois pas le rapport… C'est l'heure de votre injection, un point c'est tout !

ARMAND - Oh ! la teigne ! Pas question ! Vous ne m'aurez pas !

Il s'enfuit dans le couloir. L'infirmière pointe sa seringue et vise comme aux fléchettes. On entend un cri de douleur.

MLLE PASQUET - Et paf !… En plein dans le mille ! Pas plus difficile que ça ! *(Elle sort en criant.)* Allez ! Venez là que je vous l'enlève !

FIN

AVIS IMPORTANT

Cette pièce de théâtre fait partie du répertoire de la Société des Auteurs et Compositeurs Dramatiques, 11 bis rue Ballu 75442 PARIS Cedex 09. Tél. : 01 40 23 44 44. Elle ne peut donc être jouée sans l'autorisation de cette société.

Nous conseillons d'en faire la demande avant de commencer les répétitions.

Imprimé à la demande par Books On Demand GmbH, Bad Hersfeld, Allemagne

2e trimestre 2007
Première édition, dépôt légal : mai 2007
N° d'édition : 200723
ISBN : 2-84422-575-6